Inhalt

Den richtigen Ton treffen - Internationale HR-Kommunikation braucht besondere Sorgfalt

Kernthesen

Beitrag

Fallbeispiele

Weiterführende Literatur

Impressum

Den richtigen Ton treffen - Internationale HR-Kommunikation braucht besondere Sorgfalt

Robert Reuter

Kernthesen

- Die Zusammenarbeit mit Menschen aus anderen Kulturkreisen wird in deutschen Unternehmen Normalität.
- Für die Rekrutierung ausländischer Mitarbeiter muss die Sprache der Personaler auf die fremde Kultur hin abgestimmt werden. Die reine Übersetzung deutscher Texte führt oft zu Missverständnissen.

- Auch für das produktive Miteinander in multinationalen Teams ist es nötig, Verhalten und Werte der Kollegen zu kennen und den Umgang zu trainieren.

Beitrag

Fallstricke für die internationale Personalarbeit

Die Zahl der Unternehmen, die mit Tochtergesellschaften oder Produktionsstätten im Ausland international aufgestellt sind, ist heute deutlich höher als noch vor 20 Jahren. Nach Aussage des Deutschen Industrie- und Handelskammertages ist über ein Drittel der deutschen Unternehmen im Ausland mit Tochtergesellschaften oder Niederlassungen präsent. Auslandsrekrutierungen werden für die deutschen Personaler darum immer wichtiger.

Der Umgang mit Menschen fremder Kulturen wird heute als Diversity Management bezeichnet, das vor allem das interkulturelle Miteinander in einem deutschen Unternehmen im Auge hat. Zum Diversity Management gehört es aber auch, auf die Kultur, auf Lebens- und Sichtgewohnheiten in den anderen

Ländern Rücksicht zu nehmen. Vor dieser Aufgabe steht insbesondere die Werbung. So lassen sich viele flotte Werbesprüche auf Zielmärkten außerhalb Deutschlands gar nicht anwenden, was aber nicht immer bedacht wird. Beispiele für eine verunglückte Werbekommunikation im Ausland gibt es genug. Am bekanntesten ist der Fauxpas des japanischen Automobilherstellers Toyota, der sein Modell MR2 auch auf dem französischen Markt anbot - wo die zusammengezogene Aussprache des Kürzels zu einem Fäkalausdruck geriet.

Genauso wichtig wie die sorgfältige Anpassung der Werbeansprache an den Zielmarkt ist es, die HR-Kommunikation im Ausland an die dortigen Gepflogenheiten anzupassen. Dies gilt für die Anwerbung von Mitarbeitern für das vor Ort angesiedelte Tochterunternehmen genauso wie für die Gewinnung ausländischer Mitarbeiter für ein in Deutschland beheimatetes Unternehmen. Die Personaler müssen bedenken, dass viele in Deutschland logische Herangehens-, Verhaltens- und Sichtweisen in einer anderen Kultur für Missverständnisse sorgen können. Das Heraustreten aus der eigenen Denke ist jedoch alles andere als leicht, da sie uns in Fleisch und Blut übergegangen ist.

HR-Experten bewerten die systematische Auseinandersetzung mit interkulturellen Aspekten als essenziell wichtig für den Erfolg global agierender Unternehmen. Die zu erlernenden Unterschiede erstrecken sich auf Sprachbilder, den Kooperationsstil, die Art der Entscheidungsfindung und den Führungsstil. Auch und gerade bei Verhandlungen mit Personen aus anderen Kulturkreisen ist es oft unabdingbar, den Sprachgebrauch des anderen zu kennen und selbst anwenden zu können.

In der Praxis sieht es allerdings oft ganz anders aus. Sowohl in der HR-Kommunikation wie beim Employer Branding werden die Konzepte von deutschen Köpfen erdacht und gehen dann an den internationalen Zielmärkten vorbei. Dies geschieht insbesondere dann, wenn deutsche Texte aus dem Personalmarketing eins zu eins in die fremde Sprache übersetzt werden. Für die Übersetzung werden überdies häufig Nicht-Muttersprachler eingesetzt, die das deutsche Konzept nicht adaptieren, sondern schlicht übertragen. Die gängigen Herangehensweisen deutscher Textbearbeiter wie das Korrigieren, Redigieren und Lektorieren sind nicht geeignet, den für das Ausland unpassenden Sprachgebrauch aufzudecken. Laut einer KPMG-Studie gibt nur ein Viertel der Führungskräfte den Personalern für die Rekrutierung ausländischer Talente Top-Noten.

Ein praktisches Beispiel für eine falsche

Kommunikation ist die Idee eines Chemieunternehmens, seine Chemiker auf eine Bühne zu stellen, wo sie sich einem Hagel aus Teddybären, Blumen und einem BH ausgesetzt sehen. In der westlichen Welt funktioniert diese Botschaft, die die Chemiker wie erfolgreiche Popstars dastehen lässt. In China hingegen wäre die Wirkung eine ganz andere gewesen. Hier entspricht das Bewerfen mit Unterwäsche eher dem deutschen Ausbuhen.

Die Fallstricke der grenzübergreifenden HR-Kommunikation zeigt ein weiteres Beispiel. So funktioniert die dem Bewerber in den Mund gelegte Forderung "Ich will realisieren, nicht fantasieren!" in Deutschland nicht mehr, seit das Realisieren unter dem Einfluss des Englischen - und damit als versteckter Anglizismus - nicht mehr als "in die Tat umsetzen", sondern als "verstehen" und "begreifen" verstanden und verwendet wird. Auch in diesem Falle war es wichtig, dem Fehler durch hohe Textkompetenz auf die Schliche zu kommen, bevor er über den Äther ging. (1), (2), (3)

Trends

Kulturstandardmethode für

interkulturelle Zusammenarbeit

Für eine reibungslose und befruchtende Zusammenarbeit von Menschen aus unterschiedlichen Kulturräumen sind spezielle Befähigungen nötig. Am leichtesten werden diese erworben, wenn die Mitarbeiter die Kultur des anderen durch Auslandsaufenthalte selbst kennen gelernt haben. Dies ist jedoch oft nicht möglich, weshalb in den Unternehmen Methoden zur Anwendung kommen, die das interkulturelle Miteinander im Unternehmen selbst auf den Weg bringen. Eine solche Methode ist das Setzen eines so genannten Kulturstandards. Hierbei handelt es sich um individuelle kognitive Schemata, die das Verhalten von Menschen prägen sollen, die mit Kollegen aus einem anderen Kulturraum interagieren. Das Ziel der Kulturstandardmethode ist es, mittels ausführlicher Interviews mit Personen, die längere Zeit im fremden Kulturraum verbracht haben, kritische und zugleich prototypische Situationen zu ermitteln.

Prinzipiell teilen sich die Trainingskonzepte für die Gewährleistung guter interkultureller Zusammenarbeit in kulturvermittelnde (= informationsorientierte) und kultursensibilisierende (= erfahrungsorientierte) Methoden. In der Praxis hat sich dabei herausgestellt, dass die erfahrungsbasierte

Vermittlung interkultureller Befähigungen effektiver wirkt. (4)

Kommunikation in der Gruppe

Die so genannte AUM-Theorie ist ein Modell, das dabei helfen soll, die Kommunikation innerhalb global agierender Teams zu verbessern. AUM steht für "Anxiety and Uncertainty Management Theory" und beschreibt die Möglichkeiten der Kommunikation in Gruppen, deren Mitglieder gegenüber den anderen ängstlich sind. Herausgestellt hat sich, dass sich ein Grundmaß an Ungewissheit positiv auf das Kommunikationsvermögen auswirkt. Ein zu hohes Maß an Ängstlichkeit und Ungewissheit hat hingegen zur Folge, dass die Fähigkeit zur Interpretation des Verhaltens anderer abnimmt. Stattdessen werden dann eigene kulturelle Muster herangezogen, die zu Fehlinterpretationen führen. Anders ausgedrückt: Die Unsicherheit im Umgang mit Menschen aus anderen Kulturkreisen kann sich positiv darin ausdrücken, dem Mitarbeiter besonders einfühlsam und zuhörend zu begegnen, statt ihn mit eigenen Denkmustern zu kategorisieren.

Für eine gute Zusammenarbeit müssen interkulturelle Teams einen kognitiven Anpassungsprozess durchlaufen. Hierbei wird erlernt, das Verhalten des Teammitglieds nicht mehr mit Hilfe nur der eigenen

Kategorien, sondern adaptiv zu interpretieren. Die Experten sprechen von einer Reorganisation der mentalen Modelle. Darüber hinaus muss das eigene Verhalten so geändert werden, dass es vom anderen verstanden wird. Hierfür muss die Ausdrucksweise des interkulturellen Kollegen sozusagen imitiert werden, damit er die richtige Botschaft erhält. (5), (6)

Fallbeispiele

Kommunikation und Arbeitsrecht

Interkulturelle Kommunikation ist auch für das Arbeitsrecht relevant. So laufen Personaler beispielsweise leicht Gefahr, bei der fokussierten Suche nach Mitarbeitern mit bestimmtem kulturellem Hintergrund die Bestimmungen des Anti-Diskriminierungsgesetzes (AGG) zu verletzen. Diese Gefahr droht allerdings nicht, wenn die Aufgabe nur mit den speziell gesuchten Sprachkenntnissen zu bewältigen ist. Schon Formulierungen wie "Muttersprachler" oder "akzentfrei", so berichten die Experten, können jedoch AGG-Klagen nach sich ziehen und sollten darum nur zurückhaltend verwendet werden. Keine Diskriminierung stellt es hingegen dar, wenn das Vorstellungsgespräch mit dem ausländischen Bewerber auf Deutsch geführt wird. Eine Verpflichtung, den in Deutsch verfassten Arbeitsvertrag in die Muttersprache des Bewerbers zu übersetzen, besteht ebenfalls nicht. (7)

Weiterführende Literatur

(1) Das Adaptivkind
aus Personalmagazin, Heft 12/2013, S. 14

(2) Schon wieder missverstanden
aus Personalmagazin, Heft 12/2013, S. 12

(3) Unternehmenswaffe Englisch
aus Personalmagazin, Heft 12/2013, S. 18

(4) Kulturstandardmethode: Interkulturelles Wissen verschafft einen Wettbewerbsvorteil
aus PERSONALquarterly Nr. 04 vom 23.09.2013 Seiten 31 - 35

(5) Hilfreich oder hinderlich? Kulturvorbereitungstrainings für multinationale Teamarbeit
aus PERSONALquarterly Nr. 04 vom 23.09.2013 Seiten 26 - 30

(6) Dimensionen des Karriereerfolgs: Wie sich Flexpatriates von Expatriates unterscheiden
aus PERSONALquarterly Nr. 04 vom 23.09.2013 Seiten 20 - 25

(7) "Kein Risiko bei der Aufklärung"
aus Personalmagazin, Heft 12/2013, S. 22

Impressum

Den richtigen Ton treffen - Internationale HR-Kommunikation braucht besondere Sorgfalt

Bibliografische Information der deutschen Nationalbibliothek

Die Deutsche Nationalbibliothek verzeichnet diese Publikation in der deutschen Nationalbibliografie; detaillierte bibliografische Daten sind im Internet über http://dnb.d-nb.de abrufbar.

ISBN: 978-3-7379-0994-5

© 2015 GBI-Genios Deutsche Wirtschaftsdatenbank GmbH, Freischützstraße 96, 81927 München, www.genios.de

Alle Rechte vorbehalten. Dieses Werk ist einschließlich aller seiner Teile – z.B. Texte, Tabellen und Grafiken - urheberrechtlich geschützt. Jede Verwertung außerhalb der Grenzen des Urheberrechtsgesetzes bedarf der vorherigen Zustimmung des Verlags. Dies gilt insbesondere auch für auszugsweise Nachdrucke, fotomechanische Vervielfältigungen (Fotokopie/Mikroskopie), Übersetzungen, Auswertungen durch Datenbanken oder ähnliche Einrichtungen und die Einspeicherung und Verarbeitung in elektronischen Systemen.